KB242935

이것은 파가 아니다

COFFEE

Ceci n'est pas une pa

Ceci n'est pas une pa

Ceci n'est pas une pa. *

이것은 파가 아니다.

이것은 나다.

나는 파다.

내가 파를 특별하게 보게 된 건 입시 준비할 때였다. 파가 수채화 정물로 나왔기 때문이다. 정물 중 파를 잘 그려서 자신감이 생기기도 했다. 대학에 들어가 자취할 때도 파는 내 곁에 있었다. 저렴할 뿐 아니라 약방의 감초처럼 쓰임이 좋았던 파를 자취생의 야매요리에 많이 넣어 먹었다. 그 후 가정을 꾸리고 살림을 맡은 나는 그런 상상을 하기도 한다. 프랑스의 아줌마는 바게트를 크라프트 종이봉투에 넣고 다닌다면 코리안 아줌마는 '파'가 삐죽 나온 검정 비닐 봉지를 들고 다니지 않을까?
……이렇게, 저렇게, 그렇게 나는 '파'가 되었다.

* 르네 마그리트의 작품 〈이미지의 배반〉의 "이것은 파이프가 아니다" 라는 문구를 오마주 했다.

오후 5시
집으로 가는 길.
검정 봉다리 안의 파가
팔을 들어 까닥까닥 인사한다.

길을 가다가 지나 치고 마는 존재에게
가끔은 애정을 가지고 보기.

동네 마트에서 장을 보고

오른손에는 먹거리로 넘치는 장바구니, 왼손에는 파 한 다발을 들고 집으로 향한다. 길 건너편의 카페가 보인다. '카페'라는 시각자극은 내 뇌에 저장된 커피 향이라는 후각 자극으로 이어진다. 곧이어 따뜻하고 부드러운 맛이라는 미각 자극과 단단하고 매끈한 도자기 재질의 컵이라는 촉각자극에 도달하면서 '아...... 나는 커피가 땡기는 구나.'는 결론에 이른다. 하지만 먹거리로 가득 찬 장바구니 든 채 카페에 앉아서 마시기는 싫고, 양손에 짐을 들고 있으니 테이크 아웃해서 마실 수도 없다. 아쉽지만 커피는 패스! 이렇게 생각을 정리하고 왼손에 든 파 한 다발을 품으로 끌어안는다. 커피 대신 파다발이다. 파 냄새가 상상 속의 커피향을 물리친다. 파 향이 진하다. 파다발을 보니 꽃다발이 떠오른다. 꽃다발 보다 개성 있고, 실용적이라 더 나은 듯도 하다.
그래 개성. 그거 중요하다. 난 예술가이니까!
이러면서 집으로 온다.
집에 돌아와서 인스턴트 커피믹스를 타서 마신다. 그러면서 '내일은 꼭 카페에서 꼭 한잔 해야지' 라고 다짐한다. 그리고 하나로 마트 로컬코너에서 4000원짜리 꽃 한 묶음도 사야지 한다.

검정 봉다리 입은

따가

포즈를 잡고 있다.

COFFee

자화상

감히 말하자면 뒤러(독일의 화가, 1471~1528)와 윤두서(조선의 선비화가 1668~1715)의 자화상을 떠올리면서 그렸다. 명작 중에 명작이랄까 암튼 좋은 형용사가 다 붙을 수 있는 그림이다. 작품에는 주인공의 얼굴 정면이 그려져 있는데 그림 밖의 세상을 응시하고 있는 느낌이 든다. 감상자를 향한 강렬한 눈빛을 뿜어 대는 것 같기도 하다. 거기다 사실적인 묘사가 세밀하게 되어 있어 한 번만 봐도, 잊혀 지지 않는 강한 인상을 남기기도 한다. 나의 그림은 이 명작들과는 비교 대상조차 될 수도 없지만, 이 명작들의 인상적인 느낌을 머릿속에 두고 작업했다. 마음이 곧 그림이니까.

나의 그림이라는 무대 위에 따가 올라왔다. 이번 무대의 주제는 자화상이다. 연기경험이 부족해서 걱정된다. 그래도 이번기회로 창작자인 나도 모르는 따의 숨겨진 매력과 능력이 잘 발휘되었으면 좋겠다. 운 좋게 재밌게 봐주는 사람이 있다면 더욱더 좋고!

It's Your Turn

엄마를 오랜만에 본다. 엄마는 저번보다 더 늙고 초라해졌다.

사람들은 저마다 지닌 사연과 그에 따른 고생을 안고 있다고는 하지만 엄마의 고생은 더 가혹한 듯하다. 그 때문에 노쇠의 속도가 빨라지는 것 같다. 엄마의 아담한 체구는 안 그래도 작은데, 구부정해져서 더 작아졌다. 머리와 딸, 다리가 더 굽어지면서 가슴 안으로 파고드는 듯하다. '이러다 언젠가는 조그마한 공 같은 것이 되어 버리지 않을까?' 하는 생각이 들기도 한다. 엄마의 깊은 주름과 축 처진 살갗은 슬프기도 하지만 가끔은 귀엽게 보이기도 한다.

언젠가…… 어느 순간 엄마와 눈이 마주쳤다.

엄마의 시선은 나를 향해 있었고, 텔레파시 같은 소리로 "It your turn."이라고 했다. 영화나 드라마에서 임무나 중책을 맡기면서 하는 대사인 "네 차례야~". 하지만 엄마는 "It's your turn."같은 영어를 모른다. 그렇다. 그건 나의 착각이다. 하지만 나는 똑똑히 느꼈다. 그리고 시간이 꽤 흐른 요즘도 그 "It's your turn."의 여운이 이따금 떠오른다. 아마도 결혼해서 엄마로 사는 딸에게 하고 싶은 말이 아닐까 한다. "딸아...... 엄마로 사는 거 너도 해 봐~ 이제 네가 해야 할 때야. 사는 게 다 비슷하단다~ "라고 말하는 것 같다.

남과 다른 인생, 간지나는 예술가를 꿈꾸던 나에게 전하고 싶은 말.

오늘은 왠지 관심 받고 싶다.

가끔은..... 야 한 생 각

파는 어디서든, 잘 자란다.

어디에 있든 매력 발산

학교 갔다 집에 오니 엄마가 ^^얼굴로 맞아 주셨다.

엄마는 고생을 참 많이 하셨다. 드라마 단골 소재 같은 고생이다. 시집살이, 내 집 마련, 병수발, 사기... 이런저런 궂은일 등등...... 그렇게 고생고생해서 어렵게 모은 돈으로 엄마는 변두리 집 한 채를 마련하셨다.

어렵게 장만한 만큼이나 소중했던 그 집을 떠올려 본다. 그 시절 유행한 인테리어는 일명 홈-패션! 봉제로 만든 것들로 꾸미는 것이다. 우리 집도 예외는 아니었다. 큰 꽃이 프린트 된 치렁치렁한 커튼과 샤방 샤방 레이스가 달린 천, 알록달록 인조보석이 들어간 장식품, 샹들리에가 집안 곳곳에 자리했다. 내 집을 마련한 기쁨이 표현된 엄마표 인테리어인 듯하다. 그러나 몇 년 뒤 얄궂은 일로 집은 더 이상 우리집이 아니게 되었다.

그 집에서 엄마는 고생은 그만, 우아한 일상, 아니 별탈 없이 가족이 하하호호 살기를 바라셨던 것 같다. 돌이켜 보면 그 집에서 보낸 시간은 참 신기루 같다. 그 때, 꿈꾸는 눈빛을 한 엄마가 생각난다.

엄마가 된 지금의 나 역시도 그림 같은 집, 아니, SNS에 나오는 멋~찐 집 같은데서 가족들과 행복한 한때를 보내고 싶다는 꿈이 있다. 아... 중요한 것을 빼먹었다. 땅값 내릴 일 없는 지역의 자가주택이여야 한다!

살림의 여왕의 트로피

무엇이든 뭐든 다 귀찮게 만들어 버리는 무더위가 기승인 어
느 여름 날. 저녁준비를 하기 위해 찬장을 열었다. 그 안의
그릇이 뒤죽박죽 쌓여서 쓰러지지 않으려고 안간힘을 쓰며
버티고 있었다. 계속되는 더위에 살림의지가 꺾여버려서 신
경을 못 썼더니, 그런 안쓰러운 모습이 되어 버렸다.
살림을 소홀히 하기는 했지만
이렇게 가만히 서 있어도 땀이 주르륵 흘러내리는 더운 날
에 가족을 위해 식사 준비하는 내가 참 대견한 것 같다.
당연한 일이라고 할 수 있겠지만 말이다. 수고했어! 어제도,
오늘도, 내일도.

썰리게 될 자신의 운명을 알고, 잔뜩 경직되었다.

밥의 굴레

우리 집은 겨울이 오면 집에서 '밥'을 차려 먹을 일이 많아진다. 밥을 차려 먹을 일이 많다는 것은 곧 집에서 살림을 담당하고 있는 나의 일이 많아진다는 것이다.

우리 가족은 평소에도 거의 매일 아침저녁으로 함께 밥을 먹는데, 겨울에는 김장, 남편 생일, 성탄절, 한 해의 끝과 새해, 내 생일, 설 연휴 등등의 이벤트가 추가된다. 거기다 겨울 방학으로 집에 있는 아이의 식사를 챙겨야 하기도 한다. 아……, 또 저번 겨울에는 남편과 아들이 연달아 코로나 확진이 되면서 집에서 식사하는 날이 더 늘어나기도 했다. 겨울철 추운 날은 외식도, 장보기도 어렵다. 아무튼 일이 많아져서 성수기 특근 같은 느낌마저 든다.

'밥'은 살림 담당인 내가 해야 할 일이자 해내야 하는 일이기는 하지만, 사실 귀찮을 때가 많다. 특히 작업(그림)이 잘 안되는 날은 더더욱 그렇다. 컨디션이 좋지 않은 날도 당연히 그렇고. 그래도 끼니는 해결해야 한다. 내 일이니까!

밥을 해결해야 하는 이유와 작업과 밥

세상에서 살아가기 위해서는 돈이 필요하다. 새삼 말하지만, 나는 작가다. 하지만 내가 작가로 활동해 버는 돈으로 생계를 유지할 수 없다. 작업 재료비 정도다. 마이너스일 때도 있고.

그렇다면 생계를 해결하기 위해서는 직장이나 아르바이트를 해야 하는데, 나는 그것 대신 밥하는 일 즉 살림을 택했다. 취집인 셈이다. 살림을 직장처럼 여기고, 작업과 살림. 이 두 가지를 투 잡으로 보기로 했다. 경제적으로 여유롭지는 않지만, 내가 돈을 벌지 않아도 그냥저냥 먹고살 만할 것 같다고 생각 해주는 가족이 있어서 가능한 일이다. 언제까지 가능할지는 모르겠지만, 일단은 이렇게 버텨 보기로 했다.

생각하기에 따라서는…… 엄마로서, 주부로서 당연히 해야 할 일을 하고 있으니 투 잡이라고 보기는 힘들지 않냐고 할 수도 있다. 그렇지만 밥하는 일, 살림하는 일을 '잡'(job, 일)으로 보아야, 내 작업의 당위성을 찾을 수 있고, 작업한다는 것에 대한 부담감을 덜 수 있다. 살림을 해야 해서 작업하고 싶은 욕구를 내려놓아야 하는 데서 오는 답답함이 아니라, 살림을(일) 열심히 했으니 작업할 자격이 된다 로. 작업하느라 살림을 소홀히 하게 되어서 생기는 미안함이 아니라, 작업했으니 밥은 조금 게을리해도 괜찮아 로.

뭐 이런 자기 합리화가 다 있나 싶기도 하지만, 이렇게 마음먹어야 힘든 여건 속에서도 작업을 헤쳐 나갈 수 있을 것 같다. 어쨌든 작업을 하기로 했으면 '하는 마음'을 가질 수 있는 여건을 만들어야 한다. 그리고 쭉 밀고 나가야 한다.

TMI

- 사실 나는 김장을 하지 않는다. 그래도 다른 사람들이 김장으로 바쁜 모습을 보면 덩달아 마음이 김장모드로 변한다.

- 평소 "밥은 (뭐야)?" 라고 하루 5번 정도는 기본으로 묻는 아들 덕분에 밥 차리기의 본분을 잊지 않게 된다. 하루 생각의 8할은 '뭐 먹나' 이다. 얼마 없는 창의력을 '밥 생각'에 소진해 버린다.

- 이렇게 쓰고 보니 잘 차려 먹는 것 같지만, 절대 아니다. 간단하게 먹고, 외식도 자주 한다. 나는 참 에너지가 없는 사람이라서 조금만 일이 늘어나도 부담감이 켜져서 이렇게 하소연한다.

- 그림을 다 그린 뒤 토끼를 보니 플레이 보이(play boy 미국의 남성취향의 월간지)의 토끼가 떠올랐다. 절대 의도한 것 아님!

단오날

버릇처럼 되새기는 파이팅

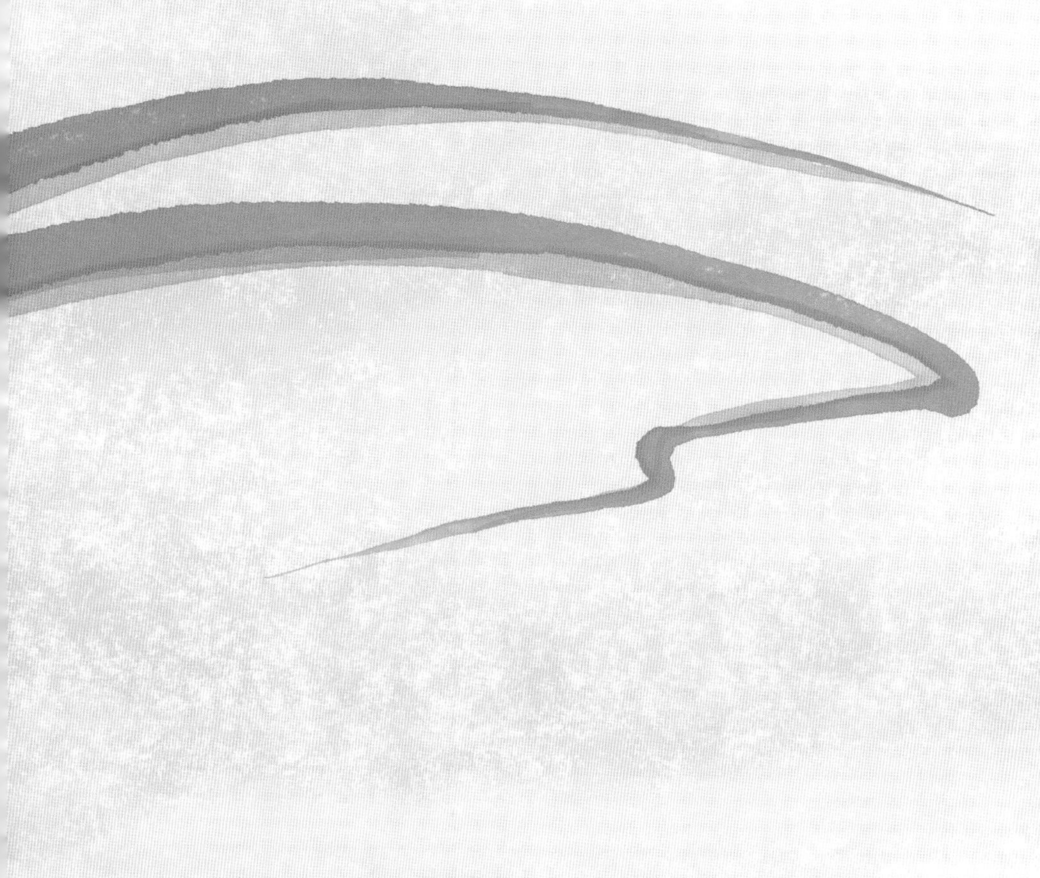

S라인이 되고 싶은 따

지나가는 서양여자들을 보며,
그들의 골격에는 S라인이 박혀 있는 것 같다.
몸에 흐르는 폼, 멋, 그런 거?
따라 할 수는 없지만, 꿈꿔 볼 수는 있겠지.

그냥 밥 할 결심

따를 단단히 잡고,
호흡을 가다듬고, 기운을 모아 가슴에 후우욱~훕 불어 넣는다.
밥하는 동안 용기, 지혜, 인내가 나와 함께 하기를 소망한다.

다듬고, 썰고 그 다음은 지지고 볶거나 넣거나...
또 다음, 다음 다음......

Especially for you

방석아.

그 동안 내 엉덩이 밑에서 수고 많았어.

매일 깔려서 일하는 너에게 이번에는 다른 일을 줄게.

완전 새로운 일이야.

사람들이 고개 들어 볼 수 있는 자리로 갈 거야.

나의 그림이 될 거야~

그림의 제목도 지어 놨어. <Especially for you>. 좋아하는 팝송 제목이야.

너를 특별히 여기는 마음이 딱!

어쩌면 언젠가는 전시를 할 수 있을지도 몰라.

운이 좋으면 우리집보다는 더 좋은 누군가의 집에서 살게 될 수도 있어.

그런데.... 사람들이 쳐다보는 것이 부담스럽다고?

하하 그런 걱정은 안 해도 돼~ 사람들은 아주 잠깐 보고 말 거야.

내 그림은 그렇게 인기 있는 건 아니거든.

지금의 너의 오습을 사진 하나 남긴다고 생각해.

12월의 트로피

12월말 어느 날 밤. 온갖 매체에서 시상식을 연다. 그 해의 끝을 잡고, 화려하고, 성대하게, 마무리되고 있다. 시상식에 초대된 유명인들은 반짝반짝 빛이 난다. 모습 그대로 스타다. 그냥 있어도 빛이 나는데 더 빛이 나게 번쩍번쩍한 트로피도 받는다.

근데 말이지
나도 나름 열심히 살아온 것 같은데....
이 세상이 몰라준다. 섭섭해. 나는 누가 상 안주나?
허전한 마음을 술 한잔과 안주로 달랜다.

근데......
유명인과 나를 비교하면 안 되지!!!!

나만 빼고 다 잘살고 있는 것 같은 날에는
달을 보며 걷는다.

때로는 Victory ↑

때로는 Fuck you↗

선택은

늘 처음이었다

팜므파탈

내 나이 40+@에 장래희망을 밝히는 것은 무리가 있지만, 말해 본다. 말하고 싶으니깐!
나의 장래희망은 팜므파탈이다.
멀쩡한 남자의 인생을 파탄 나게 할 정도는 아니고 가슴앓이 할 정도면 좋겠다. 전에
는 팜므파탈이 되고 싶다고 말 할 수는 없었다. 사회인으로서 그렇게 말하는 것은 좀
그렇고 하니 말이다. 지금은 적당히 나이도 들었고 이제까지의 나를 돌이켜 보건데, 팜
므파탈이 될 가능성이 거의 제로에 가까우니까 말할 수 있다.
지금 내 옆의 남자들, 남편과 아들은 지키고 싶다. 가까이 정든 사람을 지키고 싶은 이
마음...... 이래서 난 팜므파탈이 될 수가 없다. 상상만 해본다
그림은 미드 〈왕좌의 게임〉의 등장인물 빨간 머리 마녀 멜리산드레에서 영감을 받았다.

신호등 삼총사

나는 파랑, 두 친구는 빨강색과 노란색 점퍼를 입은 사진을 발견했다. 대학 때 찍은 사진인데 우연히 빨노파의 신호등 옷을 입고 온 날이다. 기억을 더 더듬어 보면 비가 왔고, 학교 작업실에서 같이 순대를 먹은 것 같다.

이 사진 속 친구들이 어디서 어떻게 살고 있는지 알고 있고.. 보고 싶기도 한데.. 막상 만나지는 못하고 있다. 사실, 마음만 먹으면 만날 수 있다. 마음이 일을 안 해서 그렇지. 언젠가는 학교 때 친구들과 여행을 떠나고 싶다. 남유럽 같은 곳으로. 마음만 먹으면 떠날 수 있을 것 같았는데, 시간이 갈수록 마음이, 의지가 흐려진다. 거기다 돈도 모아야 하고. 건강도 챙겨야 하니, 마음먹기가 어렵다. 그래도 다 때가 있겠지 한다.

たうぬ

진천 스타일 민화

우리 가족은 낯선 지역인 진천으로 이사 왔다. 그리고 이곳에서 잘 자리잡고, 잘 살기를 기원하며 이 그림을 그렸다. 이 새로운 동네에는 수박, 복숭아, 사과 등 과수원이 많이 있다. 지역 농산물을 홍보하는 조형물도 많이 보인다. 이곳의 특색이다.

민화에서는 지역색이 있는 기물이 나오고 그것이 복을 기원하는 의미로 풀이되기도 한다. 그것처럼, 내 그림에도 지역 명물을 그려 놓았고, 풍성한 삶을 비는 마음도 담았다. 말하자면, 이 그림은 진천에 사는 어느 무명화가가 가족의 복을 기원하며 그린 민화이다.

서로 챙겨 주는

희석아~

부부
우리 사이 좋게 지내자!

Just Do Pa

바꾸셔서
감사합니다!

이 책은 충청북도, 충북문화재단의 후원을 받아 온라인 미디어 예술콘텐츠 지원사업의 일환으로 제작되었음